1 MONTH OF
FREE
READING

at

www.ForgottenBooks.com

By purchasing this book you are eligible for one month membership to ForgottenBooks.com, giving you unlimited access to our entire collection of over 1,000,000 titles via our web site and mobile apps.

To claim your free month visit:

www.forgottenbooks.com/free959945

ISBN 978-0-260-61915-0
PIBN 10959945

Forgotten Books is a registered trademark of FB &c Ltd.
Copyright © 2018 FB &c Ltd.
FB &c Ltd, Dalton House, 60 Windsor Avenue, London, SW19 2RR.
Company number 08720141. Registered in England and Wales.

For support please visit www.forgottenbooks.com

Pourquoi les Canadiens-Français n'ont plus peur de l'annexion

Dans la courte analyse que je veux faire, je n'entends pas exprimer ce que pensent ou ressentent les nationalistes, mais noter aussi impartialement que possible les opinions qui se dessinent chez beaucoup de Canadiens-français, les instincts qui se développent en eux, les tendances qui s'accentuent et, par suite, les conséquences qu'il en faut attendre.

Les Canadiens-français, c'est un fait définitivement acquis à l'histoire, ont été les adversaires les plus fermes et les plus constants de l'annexion aux Etats-Unis. A une époque où ils tenaient dans leurs mains le sort de la colonie, ils ont refusé de se joindre aux rebelles des colonies anglaises; ils ont résisté aux appels de Lafayette et de la France; ils ont versé leur sang pour la défense du drapeau et des institutions britanniques; plus tard, ils ont opposé une résistance invincible à tous les mouvements annexionnistes, à toute politique fiscale ou administrative susceptible de favoriser la force centripète de la grande république américaine.

Mais ils commencent à douter de l'utilité de leurs efforts; et surtout ils se demandent ce que leur ont valu leur fidélité constante à la couronne d'Angleterre et leur dévouement inlassable à l'unité canadienne. Ils cherchent en vain les preuves de la reconnaissance de leurs compatriotes d'origine anglaise, qui ont pourtant travaillé moins longtemps et moins durement qu'eux à l'édification de la patrie commune dont ils réclament aujourd'hui la plus grosse part.

On a grand tort, dans les milieux impérialistes et, plus généralement, dans le Canada anglais, de prendre le peuple canadien-français pour une population ignorante, naïve, facile à conduire par les préjugés ou le sentiment. Faciles à conduire, les Canadiens-français le sont, trop peut-être. Mais ils ont, comme tous les doux qui se fâchent, des puissances de colère qu'il est plus difficile d'apaiser que de prévenir. Ils sont aussi très observateurs. D'esprit plus ouvert et plus cultivé que leurs compatriotes anglais, vivant au Canada et en Amérique depuis plusieurs générations, et surtout possédant l'énorme avantage des deux langues, qui fait à peu près totalement défaut aux Anglo-Canadiens, ils savent ce qui se passe au-delà des frontières de leur province beaucoup plus exactement que les Anglo-Canadiens,—même ceux qui habitent Montréal ou Québec,—ne connaissent les conditions, les sentiments et les opinions du peuple de Québec.

Doués d'une forte dose de bonne humeur et de sens commun, les Franco-Canadiens haussent les épaules lorsqu'ils lisent les insanités qu'on débite sur leur compte dans les journaux anglais du Canada, dans les parlements, dans les synodes et les chaires d'églises protestantes, dans les loges orangistes et jusque sur le dos des haridelles au poil plus ou moins blanc qui persistent à célébrer, chaque année, la gloire de Guillaume d'Orange et la victoire de la Boyne, pourtant fort étrangères au Canada, à son histoire, à sa constitution, à ses besoins actuels.

Mais s'il se moque des mots, le Canadien-français prend plus au sérieux les lois, les actes administratifs et surtout l'ensemble des faits, des usages, des coutumes qu'on veut lui faire subir.

Or où en est-il, cent quarante ans après sa défense de Québec contre Arnold et Montgomery, cent ans après la bataille de Châteauguay, soixante-dix ans après les injustices de l'Acte d'Union de 1841? Et surtout où en est-il quarante-cinq ans après l'inauguration du régime fédératif qu'on lui a fait accepter comme le remède à tous ses maux, comme la solution du problème des races—ce régime que son auteur principal, sir John A. Macdonald, définissait, après un quart de siècle, comme celui de *"l'égalité absolue"* dans le partage des droits des deux races: droits "des langues, des religions, des propriétés et des personnes?"

Il en est à se faire dire qu'en loi et en fait, ses droits sont confinés à la province de Québec, comme ceux des sauvages dans leurs réserves. Sa langue, l'un des deux idiomes officiels du pays, est exclue de l'enseignement donné dans la plupart des écoles publiques auxquelles il apporte l'appoint de ses contributions; et l'on menace de restreindre encore davantage la maigre part qui est faite à cet enseignement dans ses propres écoles de l'Ontario.

On qualifie de révolutionnaires et de démagogiques les efforts inouïs qu'il lui faut tenter pour faire reconnaître un usage partiel de cette même langue dans tous les services publics organisés par les parlements de son pays et subventionnés par le trésor dans lequel il verse sa part d'impôts.

* * *

Il faut s'abuser étrangement sur la crédulité des Canadiens-français pour oser imprimer, en l'an de grâce 1912, comme le *Star* le faisait il y a quelques jours et comme tant d'autres l'ont dit et écrit: *"Absorbés dans l'Union américaine, nous perdrions...notre droit de donner asile à la langue française et à la religion catholique."*

Déjà, à propos de réciprocité, on a fait valoir cet argument absurde. Il est temps qu'on le sache: les Canadiens-français ne mordent pas à cet appât. Ils observent attentivement, je l'ai noté, ce qui se passe dans le Canada anglais. Ils connaissent également les conditions où se trouvent leurs compatriotes émigrés aux Etats-Unis.

Longtemps, ils ont cru, avec raison, que leur langue, leur religion, ou plutôt leur organisation religieuse, et leurs traditions nationales étaient mieux sauvegardées au Canada qu'aux Etats-Unis. Cette conviction s'affaiblit rapidement.

L'hostilité, la malveillance ou le mépris que les Américains manifestaient autrefois contre eux, décroissent dans la proportion où les mêmes sentiments désobligeants grandissent dans le Canada anglais.

Pour la religion, quelle différence existe, à l'égard des catholiques, entre la constitution et les lois américaines et la constitution et les lois des provinces anglaises du Canada?

Dans la vie sociale, dans les journaux, dans les mœurs générales, les catholiques ne sont pas moins respectés aux Etats-Unis que dans les provinces les plus éclairées de la Confédération; et dans nul Etat, ils ne reçoivent la hottée annuelle d'injures et de calomnies odieuses et ridicules que leur déversent sur la tête les pontifes démodés de l'orangisme canadien. Nulle part, aux Etats-Unis, les Canadiens-français ne s'en-

tendent continuellement traiter d'ignorants, de demi-sauvages, de *"priest ridden population"*. Ils ne sont pas accusés périodiquement de conspirer avec la "hiérarchie" et le Pape de Rome pour empiéter sur la liberté des citoyens américains et saper ou violer la constitution et les lois. Et pourtant, les évêques et les catholiques américains n'ont jamais rendu à la république les services incalculables que l'épiscopat et le peuple canadiens-français ont rendus à l'Angleterre et à la Confédération canadienne.

Sans doute, les Franco-Américains, ceux de la Nouvelle Angleterre surtout, ont eu à subir de rudes assauts dans certains diocèses de la Nouvelle Angleterre; et leurs misères de cette nature ne sont pas finies. Mais ce sont là des questions d'économie interne de l'Eglise, qui n'ont aucun rapport avec la constitution, le drapeau ou la nationalité au sens politique du mot. Et la preuve, c'est que les Acadiens ont connu et connaissent encore les mêmes misères, que les Canadiens-français de certains diocèses d'Ontario subissent aujourd'hui les mêmes assauts.

Il y a toutefois une distinction à faire: aux Etats-Unis, la population protestante et les pouvoirs publics restent indifférents et laissent évêques et fidèles régler leurs disputes en famille. Au Canada, les loges orangistes et les politiciens démagogues font chorus et tendent la main aux évêques assimilateurs pour les aider dans leur oeuvre de persécution ou de tracasseries.

* * *

Veut-on parler d'instruction publique, d'enseignement religieux à l'école, d'écoles séparées? En quoi la situation des Canadiens-français et des catholiques aux Etats-Unis diffère-t-elle sensiblement de celle des Canadiens-français et des catholiques des provinces anglaises du Canada où les écoles séparées n'existent pas ou n'existent plus? En ceci seulement qu'aux Etats-Unis, les Canadiens-français et les catholiques n'avaient aucuns droits particuliers, tandis qu'au Canada on leur a enlevé ceux qu'ils possédaient; et pourtant ces droits étaient garantis par les lois, par les promesses les plus solennelles des hommes d'Etat et, ce qui aurait dû compter davantage, par la dette de reconnaissance que la Couronne d'Angleterre et les Anglo-Canadiens avaient contractée envers eux.

Dans l'Ontario, la seule province où l'on n'a pu encore détruire la base des garanties constitutionnelles de l'enseignement catholique, les Canadiens-français, comme les autres catholiques, subissent des assauts violents et répétés dirigés contre leurs écoles confessionnelles, et l'on menace maintenant de soumettre l'enseignement de leur langue maternelle à un régime odieux dont l'équivalent ne se trouve que dans la Pologne prussienne.

Et ceci nous amène à la question des langues. Il faut être mauvais plaisant ou singulièrement aveugle pour venir parler aujourd'hui de l'abri (*shelter*) que la langue française trouve au Canada et qu'elle perdrait par l'annexion aux Etats-Unis. L'emploi légal du français existait au Manitoba et dans les Territoires du Nord-Ouest. Il a été supprimé avec la complicité du parlement canadien. Dans aucune des provinces anglaises du Canada, la langue française ne jouit aujourd'hui du moindre privilège légal et ne trouve un asile plus large et plus hospitalier que dans la république américaine. Dans plusieurs de ces provinces, et notamment dans la plus importante, l'Ontario, cette langue, la plus par-

faite des temps modernes, la langue de la diplomatie et de la science pure, dont la connaissance est nécessaire à tout homme cultivé, cette langue se heurte à des préjugés, des haines, une hostilité, une ignorance à la fois odieuse et grotesque, dont on ne trouverait aucune trace dans les Etats les plus sauvages de la république américaine—là où la loi de Lynch et le brigandage règnent en maître. Les hebdomadaires du Nouveau Mexique et de l'Oklahoma rougiraient d'imprimer les insanités qui se débitent à ce sujet dans certains quotidiens d'Ontario.

* * *

"Mais, répliquera-t-on, la langue française n'en reste pas moins l'un des idiomes officiels du parlement fédéral. Jamais vous ne conserveriez ce privilège sous l'empire de la constitution américaine." Croiton vraiment que ce privilège paraîtra longtemps d'un prix inestimable aux Canadiens-français, s'il se réduit à la traduction de lois indigestes, de rapports officiels et des élucubrations de nos parlementaires?

Grâce à l'ignorance incroyable des hommes d'Etat, des magistrats, des avocats, et des fonctionnaires anglo-canadiens — sauf *une partie* de ceux qui habitent la province de Québec—l'usage de la langue française est presque disparu de nos débats parlementaires, de la Cour Suprême, de la Cour de l'échiquier et de la Commission des chemins de fer.

Mais ce qui est plus caractéristique encore, c'est l'hostilité ou l'apathie de la plupart des Anglo-Canadiens de toute catégorie contre le parler d'un quart de leurs compatriotes, de la plus ancienne population du pays, de celle qui a fait le plus de sacrifices pour le maintien de l'unité canadienne et la conservation des droits de la Couronne d'Angleterre en Amérique.

La seule université Harvard, aux Etats-Unis, fait plus pour la haute culture française que toutes les universités anglo-canadiennes — McGill excepté, bien entendu. On entend plus souvent et mieux causer en français dans les cercles cultivés de Boston, de New-York, de Washington, non-seulement qu'à Toronto, mais même que dans les milieux anglais de Montréal, la cinquième ville française du monde, au coeur même de cette province de Québec où la minorité anglo-protestante jouit de la situation la plus avantageuse que jamais minorité religieuse ou nationale ait obtenue.

Et ceci m'amène à la situation particulière de Québec, à la "réserve" où les Canadiens-français vivent aussi libres que les Iroquois de Saint-Régis ou de Caughnawaga.

17 juillet, 1912.

8

La Province de Québec et ses " privilèges "

La situation constitutionnelle de Québec ne diffère nullement de celle des autres provinces de la Confédération. Son autonomie, l'autorité de sa législature, la juridiction de ses tribunaux sont exactement celles des autres provinces de l'Est et de la Colombie Anglaise—sauf que la minorité anglo-protestante y possède certaines garanties additionnelles dont la minorité française des autres provinces est privée, ou dont elle a été dépouillée. Tels les articles relatifs à l'emploi de la langue anglaise à la législature, dans les plaidoiries, etc. La minorité française possédait les mêmes droits au Manitoba et au Nord-Ouest, mais le parlement canadien les a supprimés où laissés disparaître, sous prétexte que les Canadiens-français y sont moins nombreux que les Mormons et les Galiciens. Je me demande ce qui arriverait le jour où les Juifs étant devenus plus nombreux dans le Québec que les Anglo-Saxons —éventualité fort possible—la législature de Québec substituait le yiddish à l'anglais comme seconde langue officielle de la province? Tel aussi cet autre article de la constitution qui interdit à la législature de Québec, de modifier à sa guise les limites ou le nombre des douze circonscriptions électorales communément désignées sous l'appellation de "comtés anglais."

La majorité française pourrait, à bon droit, voir dans ces textes l'indice d'une méfiance injurieuse et d'autant plus injustifiable que seule, dans toute la confédération, elle n'a jamais tenté de diminuer d'un iota la somme des droits et des privilèges de la minorité. Mais précisément parce qu'ils n'ont jamais songé à traiter les autres autrement qu'ils voudraient eux-mêmes être traités, les Canadiens-français ne récriminent nullement contre ces garanties. C'est même leur principal titre de gloire qu'en aucune occasion la minorité anglo-protestante n'a été obligée d'invoquer la protection des lois, soit dans les cours de justice, soit au tribunal suprême de l'opinion publique.

* * *

Parlons maintenant de la situation particulière des Canadiens-français dans leur "réserve" de Québec. Les trafiquants en loyalisme et les prédicants de l'impérialisme ne se font pas faute de nous rappeler, avec plus d'insistance que de délicatesse et d'exactitude historique, les "privilèges extraordinaires" dont nous jouissons et que, du reste, nous avons conquis par un siècle de luttes opiniâtres et mérités par une fidélité constante à l'Angleterre. C'est principalement au sujet de nos privilèges de Québec que les exploitants du "spectre de l'annexion" ne manquent jamais de s'écrier: "Voilà tout ce que vous perdriez si l'Allemagne était victorieuse de l'Angleterre et *par conséquent* le Canada dévoré par l'ogre américain."

Ecartons pour l'instant le débat sur ces deux points: la victoire probable de l'Allemagne et l'annexion du Canada aux Etats-Unis, comme conséquence inévitable de cette victoire. Bornons-nous à poser aux montreurs de fantômes cette simple question:

Si le Canada était annexé à la République américaine, et que la province de Québec devint l'un des Etats-Unis, lequel des droits, privilèges, usages, coutumes, lois, codes, chartes, qui existent aujourd'hui dans cette province, serait abrogé, amoindri ou modifié en quoi que ce soit?

Cette question, les Canadiens-français n'avaient jamais songé à se la poser tant qu'ils avaient pu continuer à croire que le Canada était vraiment leur patrie, à laquelle ils devaient tous leurs efforts et où ils pouvaient réclamer leur part de tous le s bénéfices. Mais depuis quelques-années, on leur prêche un patriotisme nouveau, on veut leur imposer de nouvelles pratiques et un rite inusité. On s'efforce de leur faire consentir des sacrifices extraordinaires pour l'empire et de les envoûter dans une immense combinaison de forces navales et militaires dont la direction politique et stratégique restera forcément entre les mains d'un gouvernement et d'un parlement soumis à la seule volonté du peuple du Royaume-Uni. Par ailleurs, une longue série d'échecs et d'humiliations, qui ne semble pas près de finir, les a forcés de reconnaître qu'en dehors de leur "réserve" de Québec, ils ne possèdent ni plus ni moins de privilèges qu'aux Etats-Unis et qu'ils sont même traités avec infiniment moins d'égards par leurs "frères" anglo-canadiens que leurs compatriotes émigrés aux Etats-Unis par les descendants des "Bostonnais", l'ennemi séculaire contre qui ils défendirent l'intégrité du sol canadien et l'honneur du drapeau britannique. On leur clame sur tous les tons: "Versez votre sang pour l'Empire et vos deniers dans le trésor impérial, aidez-nous à défendre la neutralité de la Belgique, à sauver la France et à écraser l'Allemagne, endurez même sans mot dire toutes les humiliations dans l'Ontario et l'Ouest; car tout cela, c'est le prix très modique des "privilèges extraordinaires" dont vous jouissez, et surtout du plus glorieux de tous, celui d'être citoyens du plus grand empire du monde, le seul sur lequel le soleil ne se couche jamais! Si vous refusez d'adorer nos dieux, vous tomberez dans la géhenne éternelle, l'abominable république américaine, là où il n'y aura pour vous que pleurs et grincements de dents!"

Mais le Canadien-français n'est guère porté à changer de religion ou de parti. Très croyant, il n'est pas du tout superstitieux et ne se laisse pas facilement apeurer par les histoires de revenants. Il y a beau temps qu'il ne croit plus au loup-garou. Et lorsqu'on lui fait un charivari, il lâche le chien de garde et court au poulailler et à la laiterie avant de faire des exorcismes.

Né Normand, le Canadien ne conclut pas un marché sans savoir ce qu'il donne et ce qu'il reçoit. Il ne mord pas aux belles phrases des maquignons et des revendeurs de clinquant.

A force d'entendre vanter les beautés de l'empire britannique et dénoncer les iniquités de la république américaine, il s'habitue à faire des comparaisons. Et dans ce travail d'observation, il cède peu à peu au sentiment instinctif qui porte tout esprit indépendant à se rebiffer contre les cultes qu'on cherche à lui imposer et à regarder avec plus d'intérêt les personnes et les objets qu'on veut lui faire prendre en horreur.

La question que je posais, il y a un instant, aux impérialistes outranciers, revient naturellement à l'esprit du Canadien-français chaque fois qu'il subit un nouvel assaut. Il cherche une réponse dans le domaine des lois et dans celui des faits; et que trouve-t-il?

10

Un seul article de la constitution américaine touche à ce qu'il regarde comme son patrimoine national: c'est le premier des articles additionnels, qui décrète que *"le Congrès ne peut faire aucune loi relative à l'établissement d'une religion, ni en interdire le libre exercice..."*

Ceci n'est guère propre à le terroriser. Car, outre que l'Eglise catholique n'est nullement "établie" dans le Québec, au sens où l'entendaient les auteurs de la constitution américaine, ce texte ne vise que le Congrès et ne touche nullement aux pouvoirs des Etats.

Quant à l'enseignement de la religion ou d'une langue quelconque à l'école, et aux lois scolaires en général, ainsi qu'à l'emploi des idiomes dans les législatures ou les tribunaux d'Etat, la constitution est muette sur tous ces points. Par conséquent, en vertu du Xe article additionnel, ils restent soumis à la juridiction exclusive des Etats.

En fait, par l'opération de cet article X, la province de Québec et sa législature jouiraient dans l'union américaine d'une autonomie beaucoup plus étendue que sous l'empire de la constitution canadienne.

* * *

Je me résume.

L'horreur séculaire du Canadien-français pour l'annexion est presque totalement disparue; il a cessé d'y voir le pire danger pour sa foi et sa nationalité. Il constate que la confédération canadienne n'a guère tenu les promesses d'égalité, de partage équitable des privilèges et des charges que ses auteurs lui annonçaient. Et surtout il est forcé de reconnaître que la reconnaissance et même le simple esprit de justice n'étouffent pas ses compatriotes anglo-canadiens. En somme, il se demande s'il n'a pas fait un marché de dupes.

"Mais, dira-t-on, c'est un véritable plaidoyer en faveur de l'annexion que vous faites—ou tout au moins une thèse pour démontrer que les Canadiens-français sont prêts à l'accepter."

Ce n'est ni l'un ni l'autre.

J'écarte mes sentiments personnels qui, pour plusieurs motifs, restent plus britanniques et moins américains que ceux de la majorité de mes compatriotes anglais ou français. J'ai tout simplement fait la synthèse d'opinions éparses, d'observations accidentelles, d'impressions intermittentes, recueillies, depuis quelques années, dans des milieux très divers. Les sentiments qui s'en dégagent n'ont pas encore de cohésion. Ils ne constituent ni une mentalité constante ni un courant continu d'opinions. Mais ils se coordonnent et tendent, comme les molécules d'un corps gazeux soumis à l'action de la pompe foulante, à se solidifier sous les coups de piston que les Canadiens-français reçoivent de l'impérialisme à outrance et du loyalisme exalté, sous les coups de matraque qu'on leur prodigue dans plusieurs des provinces anglaises, et aussi par l'effet des efforts stupides qui tendent à les refouler dans leur "réserve" de Québec. Il dépend entièrement de la clairvoyance et du bon vouloir de la majorité anglo-canadienne d'accélérer, de retarder ou d'arrêter cette évolution.

Ai-je besoin d'indiquer ce qui arriverait si les assimilateurs atteignaient leur but, dans l'Eglise ou dans l'Etat?

Lord Elgin écrivait à lord Grey, en 1848:

"Je suis parfaitement convaincu de l'inopportunité de tous ces efforts qui tendent à dénationaliser les Français. Généralement, ces tentatives produisent un résultat contraire à celui qu'on en attend, car elles raniment le feu

des' préjugés et des animosités nationales. Mais supposons qu'elles réussissent, quel sera le résultat? VOUS POUVEZ PEUT-ETRE, PAR DES PROCEDES DE CE GENRE, "AMERICANISER" LES HABITANTS FRANCAIS DE LA PROVINCE; MAIS, SOYEZ-EN CERTAIN, VOUS NE LES "ANGLICISE-REZ" JAMAIS. Faites-leur sentir, au contraire, que leur religion, leurs moeurs, leurs traditions, leurs préjugés mêmes, sont plus respectés ici que dans toute autre portion de ce vaste continent — et alors qui osera affirmer que la dernière main qui soutiendra le drapeau anglais sur le sol d'Amérique ne sera pas celle d'un Canadien-français? (1)

Ces paroles du plus remarquable des gouverneurs du Canada, avant la Confédération, restent éternellement vraies. Elles sont peut-être encore plus vraies aujourd'hui qu'il y a soixante ans;—comme cette riposte d'un Ecossais tory de Montréal à lord Durham—"*Milord, Canada must be English, even if it should cease to be British*"—reste l'expression d'opinion la plus sincère de cette catégorie d'Anglo-Canadiens chez qui le fanatisme de race domine le patriotisme et l'attachement au drapeau, à la constitution et à la couronne.

Il nous reste à examiner dans quelle mesure et sous quelle forme se présente le danger réel de l'absorption américaine, ainsi que le moyen le plus efficace de l'éviter.

---

(1) "Letters and Journal of James, VIIIth Earl of Elgin," edited by Thomas Walrond, C. B., London, John Murray, 1873.

18 *juillet*, 1912.

IV

Le danger réel. --- L'américanisation morale des Anglo-Canadiens.

Quel que soit l'avenir, prochain ou lointain, le Canadien-français est essentiellement canadien. Il reste même profondément britannique —au moins par habitude, par instinct ou par raison, sinon par un sentiment plus ardent que, du reste, son associé anglo-canadien ne s'est guère préoccupé d'entretenir.

A ce double titre, il est prêt à de nouveaux sacrifices pour maintenir l'unité et l'indépendance du Canada et le lien qui l'unit à l'Angleterre, et par conséquent pour détourner tout danger d'absorption du Canada par les Etats-Unis. Mais à cela, il met deux conditions, qu'il croit essentielles à l'objet désiré. La première, c'est que les intérêts du Canada priment tout, même l'avantage de l'Angleterre; la seconde, c'est que le peuple anglo-canadien fasse aussi sa part de sacrifices à la cause commune, qu'il cesse de le considérer comme le paria de la confédération, et qu'il accepte enfin de le traiter comme un collaborateur, un associé et un frère.

Pour tout dire, l'attitude de certains Anglo-Canadiens l'étonne et lui fait parfois douter de la sincérité de leur patriotisme et de la pureté de leur amour pour la mère-patrie. Il ne peut réconcilier leurs démonstrations tonitruantes de loyalisme avec leur aveuglement stupéfiant en face des dangers réels qui menacent l'unité de la confédération, et moins encore avec leur persistance à laisser croître le péril et même à l'accélérer.

Il comprend difficilement que la manière la plus efficace de contribuer à la grandeur et à la sécurité de l'empire soit d'aller guerroyer sur toutes les mers du globe, avant d'avoir adopté les mesures les plus élémentaires pour assurer la défense du territoire canadien, surtout lorsqu'il recueille à chaque page de l'histoire et jusque dans les aveux des impérialistes le témoignage éclatant que la flotte anglaise est impuissante à protéger le Canada contre la seule nation réellement capable de le conquérir: les Etats-Unis.

Il lui semble absurde que le Canada puisse et doive "sauver" l'Angleterre et la France, préserver la neutralité de la Belgique, anéantir la flotte allemande dans la mer du Nord, tenir l'Autriche et l'Italie en respect dans la Méditerranée, quand il lui reste tant à faire pour mettre sa propre demeure en ordre, et qu'il lui faudrait consacrer des années d'efforts intenses et dépenser des sommes fabuleuses pour compléter, sur son propre territoire, les oeuvres essentielles dont l'Angleterre est pourvue depuis des siècles.

Il ne prétend pas imposer sa manière de voir; mais il croit avoir le droit de formuler et de soutenir ses opinions sur toute matière qui intéresse le Canada, sans s'entendre taxer d'incivisme, lui, le plus ancien et le plus éprouvé des Canadiens. Il pense même pouvoir légitimement rester fidèle à une politique considérée pendant un siècle, par les hommes d'Etat de la Grande-Bretagne, comme la seule efficace pour main-

tenir l'unité politique de l'Empire et en assurer la sécurité matérielle, sans se faire continuellement accuser de lâcheté, de sédition et d'ingratitude par des gens qui ont fait moins que lui pour conserver le Canada à l'Angleterre.

* * *

Mais ce qui l'étonne par-dessus tout et commence à jeter dans son esprit des doutes sérieux sur la sincérité de la plupart des Canadiens qui font étalage d'un loyalisme farouche et d'impérialisme intégral, c'est d'observer le contraste frappant qui marque leurs professions de foi impérialistes et leur attitude sur les questions vitales du Canada.

"Sauvons le drapeau et la constitution!" s'écrient les jingos.

Volontiers, répond-il, mais avant de défendre l'un et l'autre contre les ennemis de l'extérieur qui ne les ont pas encore attaqués, il est plus pressant de les préserver des ennemis de l'intérieur qui déchirent le drapeau et violent la constitution.

C'est beau, le culte du drapeau et de la constitution, mais ce qui vaut mieux encore, c'est le respect des principes, des traditions, du droit, dont le drapeau n'est que l'emblème, et la constitution la formule.

Il l'a toujours défendu, le drapeau; il l'a toujours respectée, la constitution. Peuvent-ils en dire autant, ceux-là qui font du drapeau, signe de ralliement, un objet d'inimitiés nationales, le signal de l'assaut de la force contre le droit, l'étendard de la domination brutale de la majorité sur la minorité? Peuvent-ils se rendre le même témoignage, ceux qui ne cessent de torturer et de retrécir la lettre des lois afin d'en mieux violer l'esprit?

"Préservons-nous de la conquête américaine, conséquence de la prépondérance allemande!"

Que ne commencez-vous par vous garder contre la contagion universelle des idées, des moeurs et de la mentalité américaines qui marquent déjà toutes les manifestations de votre vie familiale, intellectuelle et sociale? C'est là une annexion morale, prélude de l'absorption politique, et autrement redoutable que les catastrophes que prophétisent les derviches hurleurs de l'impérialisme.

Mais tâtez-vous donc!

Américains, vous l'êtes déjà par la langue, par la prononciation nasillarde, par l'argot familier, par le costume, par les habitudes de tous les jours, par la littérature yankee qui inonde vos foyers et vos clubs, par votre journalisme jaune, par les formules vantardes et solennelles, par le patriotisme tapageur et intolérant, par le culte de l'or, du clinquant et des titres.

Américains, vous l'êtes précisément par ce qui nous divise le plus: par votre système, servilement imité du modèle américain, d'écoles dites "nationales", où, faisant passer vos enfants sous le laminoir de l'uniformité, vous les formez, ou plutôt, vous les déformez à la parfaite image des petits Yankees—tandis que nous, nous restons fidèles au vieux principe britannique du respect à la liberté de conscience des pères de famille.

Dans toutes ces sphères, les Canadiens-français ont résisté à la contagion, grâce à leur langue, ce parler français, le meilleur des préser-

vatifs nationaux, celui-là même dont plusieurs des vôtres veulent si folle-ment priver le Canada.

Par malheur, dans le domaine de la vie nationale, où nous vivons côte à côte, mais où vous nous dominez par le nombre et par la langue, vous nous américanisez avec vous.

19 *juillet,* 1912.

V

L'américanisation de notre vie nationale. --- Péril de l'immigration. --- L'Ouest contre l'Est

"Conservons les institutions britanniques," dites-vous.—D'accord; mais tant vaut l'esprit, tant valent les lois. Et l'esprit qui anime les institutions d'un pays et en détermine le caractère, c'est dans les moeurs publiques et dans la mentalité des hommes d'Etat, des politiciens et des .publicistes, qu'il se forme et prend sa nature et ses tendances.

Dans la forme même, nos institutions ne sont déjà qu'à moitié britanniques. Notre régime fédératif est imité de la constitution américaine.

Mais c'est par l'esprit surtout que notre vie nationale s'est transformée le plus profondément et devient de plus en plus une simple réplique de la civilisation américaine—avec cette différence qu'aux Etats-Unis, la réforme de l'administration et des moeurs publiques a déjà fait des progrès marqués, tandis qu'au Canada la dégradation augmente.

Américains, nous le sommes par la tyrannie des organisations de parti, par l'abus effroyable du *patronage,* par l'influence des corporations et des *boss,* par la vénalité de nos politiciens, par le *log-rolling* et le *lobbying* qui infestent nos parlements, par le boodlage qui domine nos corps publics—fédéral, provinciaux et municipaux—par la disparition rapide du code de l'honneur dans les affaires, dans le commerce, dans l'exercice des professions libérales.

Il y a déjà quelques années, un fonctionnaire supérieur de l'une de nos principales compagnies de chemins de fer déclarait, dans une réunion intime, que de tous les parlements auxquels il avait affaire en Amérique, celui d'Ottawa était le plus *dispendieux!* Je doute que les prix aient baissé depuis que cette parole a été prononcée.

Nous touchons au moment où, comme aux Etats-Unis il y a quinze ou vingt ans, il sera interdit à tout homme qui tient à son honneur et à sa réputation d'aspirer aux fonctions représentatives, d'abord parce qu'à moins d'être puissamment riche ,il ne pourra satisfaire les appétits de la foule sans accepter des secours déshonorants, et ensuite parce qu'il ne voudra pas être confondu avec la bande des politiciens tarés.

* * *

Et dans l'ordre économique et social, où en sommes-nous?

L'organisation du travail canadien est pratiquement entre les mains des unions américaines. Le capital américain envahit nos industries, s'empare de nos forêts, de nos forces hydrauliques et de nos terres. L'épargne de nos banques alimente la spéculation américaine; et, aux époques de crise, le commerce canadien en souffre fortement. Une portion notable de nos voies ferrées ne sont que les annexes—*adjuncts*—des chemins de fer américains.

Sans doute, il n'est pas possible d'empêcher complètement cette pénétration économique; et personne ne nie que le Canada y trouve des avantages matériels considérables. Mais l'unité nationale prime, à nos

yeux, la richesse matérielle; et du moins pourrait-on tenter quelque effort pour atténuer les conséquences les plus dangereuses de cette conquête.

A plusieurs reprises, les "démagogues" nationalistes ont appelé l'attention des pouvoirs publics sur ce péril. Les hommes d'Etat ont ri et haussé les épaules. Quelques-uns des plus ardents patriotes d'aujourd'hui ont même fait, avec les envahisseurs, de fort jolies affaires. Ils sont nombreux ces loyalistes à tous crins qui ne rêvent que guerre et carnage pour l'Angleterre, mais qui sont toujours prêts à vendre le patrimoine national, pourvu qu'ils touchent leur commission.

Aussi quand ils se tordent de douleur à la pensée du péril que courrait notre unité nationale, si nous vendions quelques balles de foin aux Américains; ou encore lorsqu'ils nous adjurent d'aller torpiller les vaisseaux allemands pour "sauver nos institutions", c'est à notre tour de hausser les épaules et de rire.

* * *

"*Conservons notre caractère national!*" Nous en sommes. Mais comment pouvons-nous croire à la sincérité ou à la lucidité de ceux qui voient démesurément les dangers qui peuvent nous venir de la mer Noire, de la Méditerranée ou de la mer du Nord, et qui s'obstinent à ne pas apercevoir le péril qui grandit en pleine terre canadienne et s'étend du Lac Supérieur aux Montagnes Rocheuses?

Les mêmes gens qui veulent nous entraîner dans toutes les guerres de l'empire ont favorisé ou accepté tacitement cette politique criminelle d'immigration qui est en train de faire du Manitoba, de l'Alberta et de la Saskatchewan un pays étranger aux anciennes provinces par sa population, ses moeurs, ses traditions, ses aspirations, ses exigences, ses idées politiques et sociales, accentuant ainsi de l'apport formidable de forces humaines hétérogènes, les différences profondes de climat, de sol et de production qui rendaient déjà si difficile l'unité de l'Ouest et de l'Est. Et quand nous avons voulu aider à l'oeuvre d'unification en enrayant ce mouvement, en parsemant ces territoires d'îlots détachés de la vieille terre de Québec, en y reproduisant autant que possible les conditions traditionnelles et fondamentales de la Confédération, en opposant à la langue, aux moeurs et aux traditions américaines le rempart de la langue, des moeurs et des traditions françaises, quel accueil avons-nous reçu?

On nous a opposé toutes sortes d'entraves et de tracasseries; on a plus favorisé l'importation des Galiciens, des Doukobors, des Scandinaves, des Mormons, des Américains que celle des Canadiens-français et des Européens de langue française que nous aurions facilement assimilés. Un sous-ministre de l'Intérieur a pu, sans encourir le moindre blâme, aller réclamer en Angleterre l'écume des prisons et des *workhouses* et tendre les bras aux débris humains ramassés par l'Armée du Salut et la *Church Army*, afin, disait-il carrément, de préserver le Canada du danger de la *francisation* (*to be frenchified*). Les compagnies de paquebots et de chemins de fer, subventionnées par le trésor fédéral, où l'on reçoit pourtant les contributions des Canadiens-français comme celles des autres contribuables, transportent à Winnipeg les immigrants des *slums* de Liverpool à meilleur marché que les fils des fermiers de Québec et des autres provinces de l'Est!

En quelques années, on a enlevé aux Canadiens-français de l'Ouest leurs écoles, l'usage officiel de leur langue et tout ce qui aurait pu contribuer à les attirer dans ce domaine national, payé, pour un tiers, de leurs deniers. Et lorsqu'ils ont réclamé, s'appuyant sur la constitution et sur les promesses solennelles des hommes d'Etat les plus éminents de la Confédération, on leur a répondu brutalement: "Vous êtes moins nombreux que nous, et même que les Mormons! Du reste, c'est ici pays anglais: si vous n'êtes pas contents, restez dans votre "réserve" ou prenez la route de l'exil!" Dans l'Ontario, on dénonce l'accroissement de leur nombre comme un péril national. "Nous ne voulons pas, disait naguère un missionnaire correspondant du *Globe,* d'une France de Louis XIV!!" Cet apôtre préfère sans doute les Siciliens et leurs couteaux, les Juifs de Pologne et les Syriens.

Et après tout cela, l'on s'étonne que le Canadien-français ne tressaille plus lorsqu'on lui parle "d'unité canadienne", "d'institutions britanniques", de "culte du drapeau"?

* * *

Dans l'intérêt même de leur cause, le *Star,* la *Patrie* et toute la troupe enrôlée dans la croisade impérialiste n'ont qu'une chose à faire: c'est d'entreprendre une campagne en règle dont le but serait de rétablir la Confédération sur ses bases, de faire rendre aux Canadiens-français les droits dont on les a spoliés dans la moitié des provinces du Canada, de détruire les haines idiotes qui menacent sans cesse de les réduire à la situation illégale des Peaux-rouges, et enfin de combattre énergiquement le virus de l'américanisme qui empoisonne le Canada tout entier et particulièrement le Canada anglais.

A cette seule condition feront-ils croire à leur sincérité et obtiendront-ils des résultats durables. Autrement, les gens de bon sens arriveront à la conclusion que, de tous ces champions de l'impérialisme, les uns sont victimes d'un snobisme de parvenus titrés ou alléchés par l'appât des décorations, et que les autres, obéissant à des mobiles plus sordides encore, subissent la domination des fonds secrets qui alimentent leur caisse, ou possèdent, comme certains membres du Conseil de l'amirauté, des intérêts dans les fabriques d'engins de guerre.

* * *

Dans cette série d'articles, on trouvera peut-être que j'ai fait le procès de mes compatriotes anglo-canadiens, ou plutôt celui d'une catégorie de leurs hommes publics et de leurs journalistes. En bonne justice, il me reste à montrer notre part de responsabilités, à nous, Canadiens-français, dans l'oeuvre de détérioration nationale que j'ai esquissée. Elle est lourde.

20 juillet, 1912.

Dans une série d'articles parus la semaine dernière, je me suis efforcé d'ouvrir les yeux de mes compatriotes d'origine anglaise sur les dangers principaux qui menacent au Canada l'unité nationale et les institutions britanniques. Ces dangers, on peut les ramener à deux catégories: violation du pacte fédéral au détriment des Canadiens-français;—conquête morale du Canada, et particulièrement du Canada anglais, par l'américanisme et la dégradation de l'esprit public qui en est la suite.

Certaines feuilles, entretenues par le patronage libéral, affectent de se scandaliser de mon franc parler. Elles jettent des cris d'horreur en présence d'une telle aberration, d'un aussi total oubli des convenances patriotiques. Ces pudeurs étaient moins farouches, le jour où l'homme, incontestablement remarquable, dont elles viennent de célébrer l'apothéose, Honoré Mercier, acceptait de prendre la direction d'une campagne en faveur de l'indépendance du Canada, prélude de l'annexion aux Etats-Unis,—laquelle campagne était subventionnée par un syndicat de capitalistes de New-York.

D'autres vierges, sages par nécessité, fidèles à leur système de très habile travestissement, ont donné beaucoup de relief et de notoriété à tous les passages de ces articles propres à créer chez leurs lecteurs anglais l'impression que les nationalistes ont des tendances annexionnistes. Naturellement, elles ont supprimé tout ce qui démontre la nature et la portée véritables de cette étude, c'est-à-dire l'analyse franche et loyale d'un état d'esprit, le signalement d'un danger réel et surtout l'indication des moyens propres à détourner le péril.

* * *

Des élucubrations et des calomnies du *Star*, il n'y a pas à s'étonner. J'ai crevé son ballon, le gaz qui en sort est abondant, il siffle, il explose et il sent mauvais.

Dans ce qui équivaudrait à six colonnes de notre journal, il *prouve* hier soir,—sans nommer, bien entendu, ni le *Devoir*, ni son directeur— que le dépit seul me fait chercher une revanche dans la trahison, que je mets "le couteau sur la gorge de mon pays," et que je m'efforce de pousser mes compatriotes vers l'union politique avec les Etats-Unis, afin de venger mes "désappointements", mes ambitions déçues.

Outre que le journal jaune serait fort en peine d'indiquer un seul de ces désappointements, n'est-ce pas la merveille de la mauvaise foi, de la fureur aveugle jusqu'à l'aberration, que cette tentative de transformer en plaidoyer pro-annexionniste une série d'articles écrits particulièrement pour prévenir le péril de l'américanisme?

...*"a deliberate effort to dazzle and hypnotise and juggle his followers into a fatal indifference toward our Annexation by the United States"*...*"He deliberately endeavours to popularise Annexation in this Province"*...*"this deliberate and persistent attempt to popularise Annexation"*... (1)

Tel est le hoquet qui revient presque à chaque seconde au cours de cette crise épileptique, tel est le résumé que donne le journal jaune d'un travail fait, selon les paroles mêmes de l'auteur, "parce que nous voyons dans l'absorption américaine *un danger réel, le plus permanent*

---

(1) - Nous substituons l'orthographe anglaise, qui est la nôtre, à l'épellation américaine en usage au **Star**.

de ceux qui menacent la pérennité de la confédération canadienne, et nous considérons comme un accroissement de ce danger toute *exploitation fausse ou exagérée qu'on en peut faire."* (1)

C'est précisément cela qui a mis le *Star* en fureur. Nous avons prouvé que lui et son école sont, avec les assimilateurs, les agents les plus sûrs de l'annexion. Nous avons démontré que pour servir leurs fins, ils rattachent le danger de l'annexion aux flottes allemandes, tandis qu'ils ne font aucun effort pour rechercher au Canada les symptômes manifestes du mal et combattre ses causes véritables.

Le principal coupable se retourne avec rage contre nous et cherche à nous empoisonner avec le venin dont son propre sang est infecté.

Du reste, je le répète, le cas du *Star* est tout pathologique. Et jusqu'à preuve du contraire, je préfère garder cette opinion plus charitable que la sienne à mon endroit. Autrement, je serais forcé de voir dans son article d'hier, un rare exemple de basse perfidie et de cynique exploitation de la bonne foi et de l'ignorance de ses lecteurs—je pourrais presque ajouter, si l'hyperbole yankee m'était aussi familière qu'au journal jaune: *"One of the most cynical exhibitions of the recklesness to which a disappointed ambition leads, WHICH ANY NATION HAS EVER SEEN".* On reconnaît bien là le superlatif yankee si connu: *the best in the world, the most abominable in the world,* etc., etc.

Peu importe, habitués de vieille date à ces procédés, convaincus que la vérité triomphe toujours, à la longue, de la perfidie et du mensonge, même les plus savants et les mieux déguisés, nous poursuivrons nos recherches, notre travail et nos combats,

_____

(1) Voir le **Devoir** du mardi, 16 juillet 1912.

24 *juillet,* 1912.

LA DESINTEGRATION NATIONALE

Notre part de responsabilité

I

LES POLITICIENS

Dans cette oeuvre de désintégration nationale:—violation du pacte fédéral et dégradation de l'esprit public—quelle est notre part de responsabilité, à nous, Canadiens-français?

Sur le premier point, nous avons surtout péché, et lourdement péché, par complicité et par omission. Complicité active de nos politiciens et de nos journalistes, complicité passive du peuple. Omission chez les uns et chez l'autre des résistances nécessaires, des devoirs positifs, des efforts désintéressés. Dans chacune des spoliations commises au détriment de la minorité catholique ou des groupes canadiens-français des provinces anglaises, dans chacun des crimes nationaux dont j'ai dressé l'acte d'accusation, on retrouve la complicité de nos représentants, de nos publicistes et, ce qui est plus grave encore, de la masse de notre population, qui, par apathie, par timidité ou plus encore par un fol aveuglement de parti, a bénévolement absous les trahisons multiples de ses chefs.

Et ces fautes, nous ne les avons pas commises seulement sous l'action dissolvante des faveurs du pouvoir, qui n'atteignent qu'un nombre infime d'individus; nous n'avons pas failli dans des circonstances exceptionnelles, sous un régime particulier, ou séduits par le charme endormeur, le prestige et l'éloquence d'un seul homme.

Nous les avons commises, ces fautes, et nous les avons répétées constamment, depuis trente ans, sous tous les régimes, au profit de tous les partis, sous la tutelle de tous les chefs.

La preuve que l'aveuglement de parti est bien la cause principale de ces défaillances, c'est qu'à chaque nouvelle chute, le groupe d'oppositionnistes canadiens-français, quel qu'il soit, accuse violemment les hommes au pouvoir de lâcheté, de forfaiture, de trahison; puis, son tour venu, il commet des actes identiques ou s'en rend complice, et il n'offre d'autre défense que le rappel des crimes de ses adversaires, redevenus, par nécessité et par tactique, les hypocrites dénonciateurs des vices qu'ils pratiquaient hier et qu'ils reprendront demain. Ce n'est plus la lutte du bien contre le mal, ni même l'effort en haut contre la descente aux bas-fonds. C'est l'ignoble dispute des mêmes turpitudes au même niveau de cynique lâcheté: ils barbotent tous dans le même cloaque.

"J'ai volé, j'ai menti, j'ai trahi, c'est vrai; mais toi aussi, tu as trahi, tu as menti, tu as volé; et plus souvent, et plus que moi. Et le jour où tu en auras la chance, tu recommenceras."

Et ce qui est plus particulièrement dégoûtant, c'est que dans chacune des attaques dirigées contre les points stratégiques de notre situation nationale, ce sont les représentants les plus en vedette du peuple canadien-français qui se chargent de montrer le chemin à l'ennemi et de glorifier sinon de préparer la trahison et la défaite.

Drumont et les antisémites soutiennent que pour comprendre les auto-da-fés de Juifs en Espagne, il suffit de relire l'histoire des guerres contre les Maures. Dans chaque ville assiégée, prétendent-ils, il se trouvait toujours quelque Juif prêt à ouvrir une poterne à l'armée sarrazine.

Notre amour-propre national ne peut malheureusement évoquer le Juif de l'histoire ou de la légende pour expliquer nos défaites. A chaque place livrée ou abandonnée, la trahison fut consommée par quelqu'un des nôtres et la capitulation signée par nos propres chefs et presque toujours, hélas, facilement acceptée par l'armée et par le peuple. Le chemin du déshonneur national a conduit aux honneurs publics la plupart de ceux qui l'ont suivi, tandis que ceux qui ont voulu persévérer dans la voie du devoir et de la fidélité au drapeau n'y ont récolté que ronces et épines.

Ce rôle odieux semble si naturel qu'à toutes les époques de crises et de luttes, ce sont des Canadiens-français qui acceptent,—que dis-je? qui s'offrent aux chefs de parti pour accomplir cette besogne.

Au cours des douze années que j'ai passées au parlement d'Ottawa, je ne me rappelle qu'une seule séance où le débat fut entièrement conduit par des députés canadiens-français, où les mandataires et les "défenseurs" naturels du peuple canadien-français désertèrent la tabagie, la buvette et les salles de jeu pour écouter et applaudir leurs collègues. Ce fut le jour où la Chambre des Communes supprima le dernier vestige des droits de la langue française dans les provinces de l'Ouest. Et la plupart des députés canadiens-français qui prirent la parole ce jour-là, parlèrent pour justifier la spoliation; et les applaudissements les plus nourris et les plus chaleureux qui saluèrent la trahison, pire que la défaite, ce furent des mains françaises qui les battirent. Ce fut un Canadien-français qui invoqua, contre ses propres compatriotes, la maxime brutale dont Bismarck réservait l'application aux ennemis de son pays, et qui affirma sans rougir que les Canadiens-français ont perdu tous leurs droits à l'ouest du lac Supérieur, parce que les Mormons et les Galiciens les ont dépassés en nombre. Et cela fut applaudi comme le reste, et peut-être plus que le reste.

Celui-là est devenu l'un des chefs de la nation, et la plupart de ceux qui parlèrent dans le même sens ont décroché des situations fort importantes dans la vie publique ou la magistrature.

* * *

Je ne précise pas davantage et je ne cite pas d'autres exemples, car ce n'est ni un procès de personnes que je veux faire ni une querelle de parti que je cherche. Qu'on relise nos annales politiques depuis trente ans, qu'on étudie plus particulièrement les périodes et les circonstances où les termes du pacte fédéral ont été remis en question, où le principe de l'égalité des droits des deux races a été assailli, où la situation des minorités catholiques ou françaises a été entamée, et l'on verra se reproduire avec une intensité croissante, sous tous les régimes et dans les

deux partis à tour de rôle, ces mêmes manifestations ignobles de dé-
pravation nationale, ce même besoin de trahison et de lâcheté.

Pour justifier leur avachissement, nos politiciens contemporains
ont démarqué l'histoire et dénaturé la pensée, l'oeuvre et les tactiques
des grands hommes du passé. Le souvenir de Papineau, de sa fière et
noble intransigeance, pesait trop lourdement sur eux: ils ont entrepris
de salir sa mémoire et d'amoindrir son oeuvre. Puis, par une évoca-
tion sacrilège, ils ont osé chercher un abri sous le nom et la mémoire
de ses deux successeurs—comme s'il pouvait y avoir parité d'origine et
de nature entre leur lâcheté et l'inébranlable fermeté de Lafontaine, entre leur veulerie et la combativité, déjà moralement inférieure, de Car-
tier!

Je ne veux pas jeter d'eau froide sur l'ardeur de ceux qui parlent
d'élever un monument à la mémoire de cet homme d'Etat; mais je suis
parfois tenté de leur dire: Avant de fixer les traits physiques de Car-
tier dans la pierre et le bronze, commémoration d'un mort par des cho-
ses inanimées, faites donc revivre dans l'âme du peuple et de ses chefs
son inlassable énergie et sa magnifique combativité.

24 *juillet,* 1912.

II

LE PEUPLE

Si encore politiciens et journalistes avaient seuls dégénéré, le mal ne serait qu'à demi inquiétant. La vie politique de tous les pays subit, à des intervalles plus ou moins fréquents et pour un temps plus ou moins long, ces crises morbides. Mais en se corrompant, nos hommes publics et nos partis ont contaminé la nation.

Certes, je le sais, la grande majorité des Canadiens-français ne sont pas encore descendus au degré d'avachissement où gisent ceux qui les représentent ou qui les *instruisent*. Mais les peuples ont les gouvernants qu'ils méritent. Sans doute, le peuple canadien-français peut invoquer l'excuse de la bonne foi surprise et maintes circonstances atténuantes pour expliquer certaines de ses complicités. La meilleure de ses excuses, c'est que, la plupart du temps, il n'a eu d'autre alternative que de choisir entre deux catégories de farceurs, qui ne diffèrent que par l'étiquette et qui le trompent, le volent et s'en moquent chacun leur tour.

"*C'est tous des pareils*" — "*mordu d'un chien, mordu d'une chienne, c'est tout comme*"—telles sont les formules désenchantées qui terminent la plupart des discussions populaires sur les mérites respectifs des politiciens et des partis. Si, au moins, le peuple prononçait ces paroles avec un accent de colère, indice d'une énergie qui s'éveille et s'apprête à châtier tous les coupables; s'il faisait pressentir qu'il appuiera avec persévérance, et non d'un simple coup d'épaule accidentel, les efforts de ceux qui veulent relever le niveau moral de notre vie publique! Mais non, le sentiment qui dicte le plus souvent ces axiomes du bon sens populaire, c'est une sorte de philosophie vécue, presque gaie, faite de résignation chrétienne mal entendue et de fatalisme musulman, sans l'énergie turque.

Qu'on me pardonne le réalisme de la comparaison: l'attitude de notre peuple à l'endroit de ses politiciens ressemble à celle de ces beaux mendiants napolitains, intelligents, sains de corps et d'esprit, vivant de peu, qui se chauffent au soleil sur les rives enchantées de Sorrente, d'Amalfi ou de Castellamare. De temps à autre, s'ils se sentent piqués au vif, ils plongent la main dans leur chemise rouge et écrasent entre le pouce et l'index les plus voraces de leurs parasites. Mais ils ne songent jamais à se nettoyer à fonds et ils regarderaient de travers le conseiller malencontreux qui leur suggérerait de changer de chemise.

Et puis, il faut bien l'avouer, certains des traits des peuples conquis marquent notre tempérament national et se font sentir dans notre action publique. C'est bien un trait de conquis, cette facilité avec laquelle notre peuple apprend la leçon d'asservissement que lui enseignent les politiciens intéressés à lui faire partager la responsabilité de leurs trahisons. C'en est un autre, cette disposition à subir sans protester, et surtout sans résister, toutes les avanies et tous les empiètements. C'en est un troisième, cette puérile revanche de vaines paroles dépensées à dénoncer le péril juif, à maudire les Irlandais, à peindre tout le peuple anglais comme conjuré pour la perte des Canadiens-français, au lieu de

gagner de haute lutte le respect des autres en pratiquant d'abord le respect de soi-même. C'en est un quatrième, cet égoïsme de tribu ou de clocher qui a conduit le peuple de Québec à se désintéresser du sort et des revendications des groupes français épars dans les autres provinces.

                                  ✳ ✳ ✳

Certes, et je l'ai prouvé, le peuple et les politiciens des autres provinces ont maintes fois failli à leur devoir national; ils ont porté de graves et de fréquentes atteintes à la foi jurée et au pacte fédéral. Et je ne suis pas de ceux qui auront à se reprocher de n'avoir pas tenté la résistance sur le terrain même de l'attaque, ni d'avoir réservé pour les discours de la Saint-Jean-Baptiste l'explosion de leur patriotisme indigné. Mais si je crois à la nécessité de dire la vérité, toute la vérité, à nos compatriotes anglo-canadiens, je crois également au devoir de confesser courageusement nos propres fautes.

J'ai fait en raccourci le tableau des principales injustices commises au détriment des nôtres dans le Canada anglais. Je manquerais au plus essentiel de mes devoirs, si je ne disais que le peuple de Québec a été, par sa faiblesse et par son aveugle complaisance envers les traîtres et les renégats de son sang, le complice de toutes ces injustices.

Sans doute, les hommes d'Etat et les journalistes anglo-canadiens ont le devoir de respecter le pacte fédéral, dans le gouvernement de la nation et dans celui de chacune des provinces anglaises, quelles que soient l'attitude du peuple et des politiciens de Québec ou la force numérique de la minorité française des autres provinces,—tout comme nous avons et comme nous pratiquons le devoir de respecter les droits de la minorité anglo-protestante de Québec, quelque injustice que subissent ailleurs les Canadiens-français. Mais il faut tenir compte de l'esprit, du tempérament, des tendances bonnes et mauvaises des gens avec qui l'on vit et de ceux avec qui l'on traite.

J'ai reproché, avec raison, à nos compatriotes de langue anglaise de nous mal connaître et de ne pas même chercher à nous comprendre. Nous, nous les connaissons mieux, mais nous agissons comme si nous ne les comprenions pas. De crainte de les entendre grogner avant de nous estimer—et un Anglais finit généralement par estimer le plus les gens contre qui il grogne davantage—nous préférons mendier leurs faveurs quitte à mériter leurs mépris.

Qu'on se rappelle la magnifique leçon d'énergie que nous donnait naguère M. Cahan, à propos de la spoliation des droits de la minorité au Kewatin. Plusieurs l'ont trouvée rude: elle était rudement vraie et surtout rudement méritée. (1)

Je n'irai pas jusqu'à dire, avec le vigoureux orateur, que nous pourrions, si nous le voulions, ou que nous devrions, si nous le pouvions, gouverner à notre guise la confédération canadienne.

Mais, j'affirme que nous pouvons et que nous devons, dans la grande association nationale, exercer tous nos droits d'associés, revendiquer tous nos privilèges, comme nous devons accomplir toutes nos obligations. Et l'un de nos premiers droits, comme l'une de nos principales obligations, c'est de faire de la province de Québec et de son influence politique, intellectuelle et sociale le pivot de notre action, le centre de

---

(1) Voir le **Devoir** du 11 mars 1912.

ralliement et le point d'appui de tous les groupes français des autres provinces. Et dans la mesure où nous y manquons, où nous privons de la protection de cet appui les rameaux détachés de la souche, nous manquons à tous nos devoirs:—à nos devoirs envers Dieu qui nous a donné l'intelligence de notre situation et le moyen de la maintenir, envers nos nationaux qui voient dans la province de Québec la source de leurs inspirations et de leur réconfort moral, envers nous-mêmes qui méconnaissons la plus sublime et la plus féconde des vocations, celle qui a fait la force et la grandeur de la France: la vocation de champion du droit et de la justice.

Plus encore, nous manquons à nos devoirs envers la Couronne d'Angleterre et la plus noble portion du peuple anglais qui nous ont crus, un jour, assez nobles et assez forts, moralement, pour nous offrir une part d'associés dans l'oeuvre d'édification nationale, et à qui nous semblons nous efforcer de faire croire maintenant que nous préférons retourner au rang d'esclaves bien nourris.

25 juillet, 1912.

…tin; et …
… plus que notre …

partagent à titres d'associés avec l…
…nces, avec les trafiquants de votes et de su…
…en places, les soumissionnaires de contrats d'en-
…seurs de fonds électoraux. Les nôtres acceptent
…cher les assiettes et de se pourvoir dans le panier
…aux vidanges,—autre trait de conquis.
…nce se manifeste dans les résultats. Le *boodler* an-
…délivré la marchandise", reprend toute sa liberté
…uestions publiques où il n'a vendu ni son vote ni son
…, même, après avoir largement assuré sa fortune, il de-
…r intrépide de la chose publique. C'est tout naturel,
…cre personnel, outre qu'il provient de détournements
…ortune nationale, en représente une portion notable.
…ineur canadien-français, pour une pitance bien moin-
…rps et biens. Il devient la chose de son acheteur. J'ai
…e bande de députés de notre province, à Ottawa, qui s'é-
…és la solide phalange d'une puissante compagnie de che-
Ils se vendaient pour leur *entretien*. Leurs services et leurs
…taient à la compagnie que quelques douzaines de bouteilles
…whisky et d'eaux gazeuses—sans parler des cigares, évidem-
…ncore, ils ne partageaient pas. La garde des victuailles était
…'un d'eux, qui les abreuvait modérément et équitablement. Ce
…comme individus qu'ils se vendaient, mais comme troupeau.
… faut-il voir la différence d'allures des coulissiers et des entr…
…, lorsqu'ils opèrent avec les uns ou les autres. Ils abordent l…
…s anglais avec un air sérieux, *business like*; les yeux de l'ac…
…du vendu se croisent avec des lueurs de métal. Ils se compr…
…t s'entendent. Ils traitent d'égal à égal et concluent un cor…
…ires.
…'our nos pauvres petits carottiers, les courtiers en législation é…
…une sorte de pitié méprisante—et ça se voit. Ils leur porte…
…e, plus d'affection qu'aux autres, et c'est juste, car ils leur c…
…ucoup moins cher. Ils les mènent au vote, en comité ou à la…
…e, comme le bouvier conduit son troupeau à l'abreuvoir—ce…
…ste, il leur arrive souvent de faire ,avant ou après le vote.

vent ... et qu...
sonnelle et qu...
ration générale pour la...
vices publics ou d'industries.

* * *

On pourrait poursuivre l'enquête sur les mobil...
presse et faire les mêmes constatations.

On découvrirait de grosses opérations financières au fonds des ca...
pagnes menées par certains journaux anglo-canadiens en faveur de telle
entreprise, de tel amendement au tarif, ou même de ces contributions à
la marine impériale. Mais ce n'est que chez nous, je pense, qu'on trouverait des journaux acceptant, avec le chèque de paie, le plaidoyer tout
fait, mal traduit de l'anglais, avec arguments spéciaux à l'usage des
"mangeurs de soupe aux pois" et des habitants du Dr Drummond.

* * *

Mais ce qu'il importe davantage de rechercher, c'est la source du
mal. Ici, encore, c'est par la tête que la corruption a commencé, e'
son origine remonte plus loin que la déchéance de la fierté nationale. Dès 1851, Lafontaine quittait la vie publique, dans toute la for...
de l'âge. Lui qui avait traversé avec sa calme énergie la période de
vaises. Lui qui avait traversé avec sa calme énergie, les injustices des t...
gitation constitutionnelle, l'insurrection, les injustices de l'union,
débats difficiles du gouvernement représentatif, les émeutes des t...
et même les premières dissensions des Canadiens-français, il ne p'
sister au dégoût qui s'empara de lui lorsqu'il vit ses compatriotes s...
à la conquête des dépouilles. Dans l'une de ses lettres, il not...
amertume qu'il y eut beaucoup moins de députés empressé...
retenir qu'à se disputer sa place. Et, il faut bien le reconnait...
rester au premier rang de ceux de nos hommes d'Etat qui ont
tier était plutôt parmi ceux-ci qu'au nombre de ceux-là. S'il n...
et pratiqué la leçon de l'énergie nationale, la vérité nous force
lui l'un des vulgarisateurs de la corruption politique, du régi...
chat des votes et des consciences par la vénalité, la violenc...
tribution des faveurs et de l'argent.

vote, . C'est ...
fesse". C'est ...
au coeur, quand et c...
tée?

Au point de vue de la conscience... pauvre diable qui vend son vote pour une... dollars, et l'échevin, le député, le sénateur ou le m... lement corrompt l'électeur, mais vend également son vote et... ce, et, par son vote et son influence, aide à dilapider le trésor pub... ou pis encore à sacrifier les droitsnationaux? La seule différence ma- térielle est dans le prix: somme d'argent, actions de compagnie, fonc- tion d'Etat ou tricorne de juge. Mais la différence morale est énorme et toute à la décharge du pauvre diable qui n'a ni les lumières de l'hom- me public, ni ses responsabilités et ses devoirs d'état.

Et cependant, comment est traité l'homme public corrompu, dou- blement coupable d'abord de sa propre turpitude et ensuite de la cor- ruption de l'homme du peuple qu'il a contaminé par son exemple et par l'appât des convoitises qu'il éveille en lui pour s'assurer son vote? Je ne parle pas de la sanction des lois. Il n'est guère étonnant que les lois pénales ne s'appliquent pas contre les hommes qui les font par des juges dont les trois-quarts ont gagné leur hermine—ô emblème de la justice immaculée!—en se livrant aux mêmes trafics ou du moins e... coudoyant ceux qui les pratiquent.

Mais quelle sanction morale la société, par ailleurs si chrétien... de notre province, accorde-t-elle aux protestations de la conscie... contre les malpropretés de la politique? Aucune. La moindre déc... dération frappe-t-elle le politicien boodler, le financier véreux, ministrateur infidèle? Nullement—à moins qu'il soit assez mal... que de se laisser "prendre". Oh! alors toutes les rigueurs le fra... sans doute parce qu'il a commencé d'expier. Mais s'il est assez pour échapper—et c'est le cas du plus grand nombre—s'il est as... et assez adroit pour réussir, pour toucher la grosse somme, o... cher la timbale ou le tricorne, objet de ses convoitises et prix nalité ou de ses trahisons nationales, il est porté sur le pavoi... les portes lui sont ouvertes, y compris celle du banc d'oeuv... gera dans les conseils des oeuvres de charité; il administre...

ré
ce
pa
die
appr

26

30

gnes du peuple; il enseignera dans les universités; et on le donnera en exemple à la jeunesse,—modèle du citoyen paisible, du père de famille honorable, du magistrat intègre, de l'homme public sage, *pratique* et pondéré.

Voilà la source principale de la dégradation des moeurs publiques.

* * *

Nous n'avons pas encore appris—ou nous avons désappris depuis longtemps—qu'il ne suffit pas d'avoir une religion cultuelle, de bons principes théoriques et une saine morale individuelle, mais qu'il faut savoir faire l'application de sa foi, de ses principes et de sa morale aux actes de la vie publique comme à ceux de la vie privée—je serais tenté de dire aux actes de la vie publique *plus encore* qu'à ceux de la vie privée.

Et ce que nous n'avons pas appris non plus—et pourtant, maints épisodes de notre histoire contemporaine nous en ont donné les dures et humiliantes leçons—c'est que notre situation nationale ne se relèvera pas tant que notre vie publique ne se purifiera pas; c'est que les énergies du patriotisme ne s'abreuvent pas dans les mares stagnantes d'une politique corrompue, mesquine, dépourvue de morale et d'idéal; c'est qu'une horde de politiciens véreux ou bornés ne se transforme pas du jour au lendemain en une armée de héros de la défense nationale.

Le remède au mal, on ne saurait donc le trouver sans reprendre à sa source la réfection de l'esprit public, sans restaurer la conscience de notre peuple et surtout celle de ses classes dirigeantes. Et pour y parvenir, il faut commencer le travail au foyer, le poursuivre au collège et à l'université, et l'animer par une forte prédication populaire.

L'un des écrivains les plus remarquables de ce temps-ci, M. Maurice Barrès, a donné à trois de ses oeuvres un sous-titre commun: *Roman de l'énergie nationale.* Il y fait la psychologie et la synthèse de plusieurs des épisodes les plus avilissants de la politique française et des tendances qui entraînent notre pays d'origine vers la désagrégation nationale; mais il y laisse poindre l'aurore des réveils prochains.

Ne serait-il pas temps qu'un esprit honnête et désintéressé nous rendît le même service et nous aidât à faire notre examen de conscience nationale? Et surtout n'est-il pas urgent qu'on se mette à prêcher partout l'évangile de l'énergie nationale, à enseigner à tous les Canadiens-français le catéchisme du devoir public, afin que notre peuple réapprenne à en pratiquer les maximes?

Henri BOURASSA.

26 *juillet,* 1912.